D1606094

QUICK GUIDE TO VENEZUELAN SPANISH

LANGUAGE BABEL, INC.

Copyright ©2013 by Language Babel, Inc. All rights reserved.
Published by Language Babel, Inc., San Juan, Puerto Rico.

No part of this publication may be reproduced, stored in a retrieval system, or transmitted in any form or by any means, electronic, mechanical, photocopying, recording, scanning, or otherwise, except as permitted under Section 107 or 108 of the 1976 United States Copyright Act, without either the prior written permission of the author and the Publisher. Requests to the Publisher for permission should be addressed to Language Babel, Inc., 1357 Ashford Ave., PMB 384, San Juan, PR 00907 or by e-mail to *info@speakinglatino.com.*

Limit of Liability/Disclaimer of Warranty: While the publisher and author have used their best efforts in preparing this book, they make no representations or warranties with respect to the accuracy or completeness of the content. You should confer with a language professional when appropriate. Neither the publisher nor author shall be liable for any loss of profit or any other commercial damages, including but not limited to special, incidental, consequential, or other damages.

For ordering information or special discounts for bulk purchases, please contact Language Babel, Inc. 1357 Ashford Ave., PMB 384, San Juan, PR 00907 or by e-mail to *info@speakinglatino.com.*

Printed in the United States of America by Language Babel, Inc.

ISBN-10: 0-9838405-8-x (paperback)
ISBN-13: 978-0-9838405-8-9
Printed in the United States of America by Language Babel, Inc.
Version 1

WANT TO LEARN MORE VENEZUELAN SPANISH VOCABULARY?

Get the second book
Quick Guide to More Venezuelan Spanish
with a 30% discount today!

(Details on Page 83)

PRESENTATION

This quick guide of words and phrases from Venezuela will help you better understand this South American country. The collection of over 500 terms and sayings will help you become familiar with the richness of Venezuelan Spanish. It includes colloquially used words and some dirty ones too!

Each term has been defined in English and synonyms and antonyms are included when available. There are also more than 480 example sentences. Each entry is presented as follows:

> **caído de la mata:** 1) a naïve person 2) absent-minded
> SYN: 1) desubicado, perdido 2) despistado
> ANT: 2) avispado, atento
> ✐ 1) *La muchacha es muy caída de la mata, nunca entiende el chiste. 2) Estás caído de la mata, a ver si te avispas.*

Abbreviations and Symbols:
SYN: synonyms or similar words
ANT: antonyms
✐ example sentence

5

PRESENTACIÓN

Esta guía rápida de palabras y frases de
Venezuela te ayudará a entender mejor el habla
de este país sudamericano. La recopilación
de más de 500 términos y dichos te ayudará
a familiarizarte con la riqueza del español
venezolano e incluye coloquialismos sin dejar
fuera algunos vulgarismos.

Cada término ha sido definido en inglés y, en la
mayoría de los casos, se han incluído sinónimos,
antónimos y más de 480 ejemplos de uso. Las
entradas están presentadas de la siguiente
manera:

> **caído de la mata:** 1) a naïve person
> 2) absent-minded
> SYN: 1) desubicado, perdido 2)
> despistado
> ANT: 2) avispado, atento
> ✐ *1) La muchacha es muy caída
> de la mata, nunca entiende el
> chiste. 2) Estás caído de la mata, a
> ver si te avispas.*

Abreviaturas y símbolos:
SYN: sinónimos o palabras similares
ANT: antónimos
✐ Oración de ejemplo

SPANISH WORDS & PHRASES FROM VENEZUELA

A

a juro: forcibly, obligated
SYN: A la fuerza, por las buenas o por las malas
ANT: libremente
✎ *Mi mamá me hacía comer carne a juro, aunque a mí no me gustaba.*

¡a la verga!: what the fuck!
SYN: vergación, coño e' la madre, na guará
✎ *¡A la verga! ¿Qué te pasó en la cara?*

a los coñazos: 1) something poorly finished or done, flawed, defective 2) as good as it gets 3) unwillingly
SYN: 1) mal hecho, defectuoso 3) a la fuerza
ANT: 1) perfecto
✎ *1) Hice la tarea a los coñazos y por eso saqué mala nota.*
2) Me lo aprendí a los coñazos. 3) Lo metieron en el carro a los coñazos.

a pata de mingo: close
SYN: cerca
ANT: lejos
✎ *El banco me queda a pata de mingo de mi casa y puedo ir a pie.*

abre cancha: an expression meaning "give me some space", make way
SYN: hacer espacio, despejar el área
✎ *Abre cancha que ya vienen a traer las cajas.*

achantado: lazy, slow, low initiative
SYN: perezoso, negligente, pusilánime, flojo, quedado
ANT: proactivo, diligente, eficiente
✎ *Pedro es muy achantado y así no va a salir adelante en la vida.*

achicharrar: to be burned or electrocuted, applies to burned food or anything that is damaged after a fire
✐ *¡Cónchale pobrecita! Se le achicharró el pelo después de usar el secador chino.*

acuseta: a snitch, a blabbermouth
✐ *Ya le vas a ir con el chisme, ¡Tú si eres acuseta!*

agallúo: 1) a person who doesn't like to give up and wants to achieve more things than is really deserved 2) a selfish person
SYN: 1) ambicioso
✐ 2) *Tu abogado perdió el caso por agallúo. Estaba pidiendo más dinero del que te corresponde.*

agarrando aunque sea fallo: take whatever they give you, it's not the time to be demanding
✐ *Cuando llegué a la fiesta ya se había acabado el buen whisky, pero agarrando aunque sea fallo.*

agarrarla con alguien: to do bad things to a person in specific circumstances
SYN: ensañarse
✐ *El profesor la agarró conmigo. Yo estudié para el examen pero me reprobó porque no me soporta.*

agite: agitation, the pressure you feel when doing something stressful
SYN: estrés, trote, ajetreo
ANT: rutina, calma, serenidad
✐ *Deja el agite, ¡Tranquilízate! / Esta mañana tuve un agite tremendo, casi*

pierdo el vuelo.

aguachinado: sad, unhappy
SYN: triste, apachurrado
ANT: alegre, feliz, contento
✏ *Yo creo que Nestor está aguachinao por la cara que tiene.*

AGUACHINADO

aguaje: to make a fuss, to pretend
SYN: hacer aspavientos
ANT: ser comedido
✏ *Deja el aguaje, que no te pasó nada.*

aguantar: to stand somebody or something, put up with
SYN: soportar, tragar, tolerar
✏ *¡Ya no te aguanto más! ¡Lárgate de aquí!*

aguinaldo: 1) a Christmas carol 2) special bonus for Christmas
SYN: 1) villancico 2) bono navideño
✏ *1) Los aguinaldos son los cantos tradicionales navideños en Venezuela. 2) Este año me voy a comprar un televisor nuevo con el aguinaldo que me va a dar la compañía en diciembre.*

¡ah muesca!: watch out!, look!
SYN: ¡mira eso!, ¡ve esa vaina!, ¡ve esa verga!
✏ *¡Ah muesca! ¡Mira a Orlando con esa camisa rosada!*

ahuevoneado: completely clueless,

idiotic, stupid,
dumbass

alcayata: a metal
ring fixed on a
wall that is used to
tie the extremes
of a hammock or
"chinchorro"
SYN: aros metálicos,
fijadores
✐ *Cuando cuelgues
el chinchorro,
fíjate que esté bien
amarrado en las
alcayatas.*

alzado: a person that
does not respect
somebody's authority
SYN: gallito de pelea,
alzaíto
✐ *Mi hijo está alzado,
ahora dice que no
quiere ir a la escuela.*

amanecido: to stay
up all night
✐ *Ni me hables, que
estoy amanecido; me
la pasé estudiando
toda la noche.*

ambilado: a person
that stays up late

SYN: trasnochado
✐ *Después de que oí
los tiros como a las 2
de la mañana quedé
ambilao.*

amorochado: to
be as close as
twins, to describe a
relationship between
people who are
not used to being
separated for long
SYN: juntos, pegados
ANT: separados,
distantes
✐ *Esos dos andan
amorochados desde
que tenían cinco
años.*

amotinarse: to rebel,
to be in disagreement
with someone, to
disobey
SYN: rebelarse,
desobedecer, estar
en desacuerdo
ANT: someterse, estar
de acuerdo
✐ *Lucho se amotinó y
no quiso ir al colegio
hoy.*

anda a bañarte con

cariaquito morado: said to someone who needs to get rid of bad luck
SYN: anda a bañarte con guaritoto
✐ ¿También te robaron el carro? Mija anda a bañarte con cariaquito morado.

¡anda a cagar!: buzz off, screw off, fuck off

anda a lavarte ese paltó: go to hell
SYN: anda a comerte un cerro de mierda, anda a freír monos
✐ Anda a lavarte ese paltó que tu no mandas aquí.

apachucharse: to cuddle
SYN: acurrucarse, apretujarse
✐ Elena adora apachucharse con Luis en el sofá.

apartaco: apartment, condo
✐ Juan tiene un apartaco nuevo desde que se mudó la semana pasada.

aporrear: to get hit accidentally with a door, a chair or something that gets in your way
SYN: pegarse, darse un guamazo
✐ El niño se aporreó con la silla del comedor.

AREPA

arepa: 1) the armpit sweat that can be seen on a shirt 2) a round cornmeal pancake that is filled with different stuffings, such as cheese, meat, vegetables, butter, etc.
✐ 1) ¡Mírale la camisa, ese tipo tiene

15

arepa! 2) La arepa es al venezolano lo que el pan es al europeo.

agarrar a alguien en la bajaíta: to threaten somebody for having done something bad
✎ *Deja que te agarre en la bajaíta pa' que veas lo que es bueno.*

arrancar: 1) to leave a place quickly 2) to start a job, a project or anything that has to be done
SYN: 1) pirar, irse, esfumarse 2) empezar, iniciar
ANT: 1) quedarse 2) terminar, culminar
✎ *1) ¡Arranca de aquí que se va a formar un lío! 2) Arrancamos con el proyecto de las tuberías desde ayer.*

arrecho: something amazing, made of good quality or impressive
SYN: bueno, chévere, de pinga, criminal, machete
ANT: chimbo, caliche
✎ *Chamo qué arrecho te quedó el trabajo.*

arrecochinarse: to get really close in a small space
SYN: juntarse, agruparse, acercarse
ANT: alejarse, dispersarse
✎ *Arrecochínense en el carro que sí entramos todos.*

arrejuntarse: to start a common-law union
SYN: irse a vivir en concubinato
✎ *Ellos prefieren arrejuntarse en vez de casarse.*

arremangar: to set a t-shirt sleeve as it is supposed to be
SYN: acomodarse
✎ *Arremángate la camisa que se te va a llenar de salsa.*

arrocero: party crasher, a person who

doesn't want to miss any social event
SYN: fiestero
ANT: asocial, poco sociable
✎ *Alejandro, tú si eres arrocero de verdad, no te pierdes de una fiesta aunque no te inviten.*

asomado: busybody, meddler
SYN: entremetido
ANT: discreto
✎ *¡Niña, no seas asomada, ésas son cosas de adultos!*

atacar: to win someone's heart, to court
SYN: enamorar, cortejar

atajaperro: fight, argument
SYN: altercado
ANT: entendimiento, armonía
✎ *Tuvieron un atajaperro espantoso por la deuda, y se gritaron y se insultaron.*

atorado: impatient, in a hurry
SYN: apurado, pujito, impaciente
ANT: paciente
✎ *Julio es un atorado. Ya se quiere ir y no han picado la torta.*

atracador: thief
✎ *Los atracadores sometieron a toda la gente que estaba en el banco.*

ATRACADOR

atravesado: to be in a bad mood
SYN: malhumorado
ANT: contento
✎ *Tu papá está atravesado, es mejor que no le pidas*

dinero ahora.

auyama: pumpkin
✎ *La auyama se usa en Venezuela sobre todo para preparar sopa y tortas.*

AUYAMA

azote de barrio: a dangerous and repeat criminal, from the slums
✎ *La policía ajustició al azote de barrio más peligroso.*

bachaco: 1) big ant 2) person with curly and reddish or blondish hair, or black person with blue or green eyes

bájale dos: to take it easy, to slow down
SYN: tranquilízate, tómatelo con soda, relájate
✎ *Chamo estás echando humo, bájale dos.*

bajarse de la mula: to pay for what you earn as quickly as you get it
SYN: pagar a tiempo
ANT: deber dinero
✎ *Ya yo cumplí con mi parte, ahora bájate de la mula.*

balurdo: 1) redneck, low-class 2) ridiculous person 3) poor quality
SYN: 1) ordinario 2) ridículo 3) tosco
✎ *1) Esos tipos son muy balurdos, no te*

juntes con ellos. 2) No seas balurdo, déjate de zoquetadas.
3) Esa tela es muy balurda para un vestido de fiesta.

barragana: mistress
SYN: amante, querida
ANT: esposa
✐ *No, esa no es la esposa, sino la barragana.*

¡batacazo!:
unbelievable!
SYN: ¡Qué suerte!
ANT: ¡ya lo sabía!
✐ *Cuando Susana Dujim ganó el concurso de Miss Mundo en 1955, exclamó –¡Batacazo!, porque no se lo esperaba.*

bate quebrado: a person who does things that do not favor his/her own team or group of people
SYN: inútil, ineficiente
ANT: útil, eficiente
✐ *Ese es un bate quebrao. En vez de ayudarnos nos hizo más difícil el trabajo.*

batuquear: to shake and/or beat violently
SYN: arrojar con violencia, golpear
✐ *En plena discusión Gustavo me quitó el teléfono y lo batuqueó contra el suelo.*

beri beri: a faint
SYN: patatús, soponcio, yeyo
✐ *Cuando María vio al ladrón le dio un beri beri.*

bichito: insulting word for a guy
SYN: tipejo
✐ *Wilson es un bichito, no vale la pena que lo tomes en cuenta.*

billete: money
✐ *El novio de Carolina tiene billete y se la llevó a pasear a Europa.*

billullo: money
✐ *Ese tipo tiene billullo, mira la casa que tiene.*

BILLETE / BILLULLO

bobolongo: dumbass
✐ *Ese bobolongo se cree cualquier cosa que le digas.*

bochinche: 1) a fun and playful situation 2) lack of discipline, excessiveness
SYN: 1) juerga 2) indisciplina
✐ *1) Los niños armaron un bochinche cuando se fue la maestra. 2) El pueblo lo que quiere es bochinche en vez de ponerse a trabajar.*

bojote: 1) bulk 2) a lot, a bunch of
SYN: 1) bulto 2) mucho, montón, bastante, pocotón de, pocote
✐ *1) ¿Qué hay debajo de ese bojote, qué estás escondiendo? 2) Tengo un bojote de cosas para regalar. / La enfermera se apareció en la sala con un bojote de pastillas.*

bola fría: indifferent
SYN: huevo frío, cuca fría
✐ *¿No vas a la fiesta de navidad? Eres un bola fría de verdad.*

boliburgués: a beneficiary of president Chavez's government
SYN: burgués, corrupto
ANT: pobre, indigente
✐ *Ese general es un boliburgués, que antes vivía en un humilde apartamento y hoy es dueño de*

20

varias propiedades en Venezuela y en el extranjero.

bollo: pussy
SYN: hallaca, pepita, cuca
✐ *Margarita tiene el bollo pelúo.*

bolo: informal way to say *"bolívar"* referring to the Venezuelan currency, a buck
✐ *Me debes ochocientos bolos.*

BOLOÑA

boloña: a lot of money
✐ *Eso cuesta una boloña, es*

demasiado caro.

bolsa: stupid
✐ *Ernesto es un bolsa, no es un buen candidato.*

bombita: to make situations easy for somebody
SYN: papita, papallita
ANT: pelúo, difícil
✐ *Ese examen me lo pusieron bombita.*

bordón: a child
SYN: zute, tripón, carajito
✐ *Ese bordón es igualito al pai.*

BORDÓN

botado: cheap, inexpensive
✐ *Esos muebles están botados a ese precio.*

21

botar la segunda: to be effeminate
✎ *Roberto bota la segunda, mira lo delicado que es.*

bravo: angry, upset
SYN: enfadado, molesto
ANT: contento
✎ *Martín se puso bravo conmigo porque no lo complací.*

broma: 1) thing 2) problem, pity 3) joke
SYN: 1) cosa 2) problema, lástima 3) chanza
✎ *1) ¿Cómo se llama esa broma, que no me acuerdo? 2) ¡Qué broma que no pudiste venir con nosotros! 3) No estoy para bromas.*

bucear: to leer at somebody without being prudent, to ogle
ANT: contemplar
✎ *El viejo se buceó a la chama completica. / Deja de estar buceando a esas muchachas en bikini, no seas descarado.*

buitre: womanizer
SYN: Don Juan
ANT: caballero
✎ *Melvin es un buitre, ten cuidado con tus hijas.*

bululú: turmoil
SYN: tumulto, confusión
ANT: sosiego, paz
✎ *Se formó un bululú durante la protesta y nos perdimos.*

burusa: crumbs
SYN: miga, migaja
✎ *Recoge las burusas cuando termines de comer.*

C

caballota: a very tall woman
✎ Irma es una caballota, es la más alta de toda su clase.

cabeza de: moronic, stupid, asshole
SYN: idiota
ANT: inteligente, preclaro
✎ Ése es un cabeza de (huevo, ñame, chola), no entiende nada de nada.

cabilla: something that is very well done
SYN: calidad, chévere, arrecho, criminal, machete
✎ Este trabajo me quedó cabilla.

cachapa: 1) typical food in Venezuela, made of ground, tender, sweet corn served with cheese 2) a lesbian relationship
✎ 1) Cuando íbamos por la carretera paramos a comer cachapas con queso de mano. / A mí me encanta comer cachapas en el desayuno rellenas con queso de mano. 2) Ésas dos son cachapa.

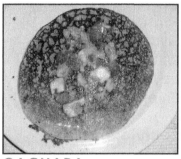

CACHAPA

cachapera: lesbian
SYN: lesbiana
✎ Ayer me enteré de que Susana es cachapera.

cachar: to catch someone
SYN: pillar
✎ Te caché registrando mis cosas.

cachicamo: armadillo
✎ El cachicamo se enrolla sobre sí mismo como mecanismo de

23

defensa.

CACHICAMO

cachifear: to do household chores
✐ *Estuve cachifeando todo el fin de semana, así que no salí a divertirme.*

cachito: a sort of croissant filled with ham or cheese
✐ *Yo siempre compro en la panadería un cachito de jamón y uno de queso.*

CACHITO

cacure: hive
SYN: panal
✐ *En el jardín de mi casa hay un cacure de abejas.*

caer en cayapa: when a group of people attack somebody that is in a disadvantaged position
SYN: atacar en grupo
✐ *Los manifestantes le cayeron en cayapa al diputado.*

caerse a latas: to kiss in an erotic and prolonged way
✐ *Se estuvieron cayendo a latas delante de todo el mundo y no les importó.*

caerse a piña: to have a fight with somebody
SYN: caerse a golpes, caerse a coñazos
✐ *Los chamitos se cayeron a piña por una muchachita.*

cagado: to be frightened
SYN: chorreado, asustado
✐ *Luis le rayó el carro al policía y ahora*

está cagado.

cagalera: 1) the ass
2) to have the trots,
the runs
SYN: 1) chuta, culo 2)
diarrea
✎ *1) Tiene la
cagalera chata
como una tabla. 2)
Tomé chocolate y me
dio cagalera.*

cagarse or **estar
cagado:** to be scared
✎ *Julio se cagó
cuando vio que el
perro se abalanzó
sobre él.*

caído de la mata:
1) a naïve person 2)
absent-minded
SYN: 1) desubicado,
perdido 2) despistado
ANT: 2) avispado,
atento
✎ *1) La muchacha
es muy caída de
la mata, nunca
entiende el chiste.
2) Estás caído de
la mata, a ver si te
avispas.*

caimán: when any
action is executed
with great strength
✎ *El pitcher estaba
lanzando muy
caimán.*

caimanera: a
game of pick-up,
an improvised and
informal game
SYN: partido informal
✎ *Hicieron una
caimanera entre los
amigos del liceo,
porque a ellos les
encanta el béisbol.*

calarse: to stand, to
tolerate
SYN: aguantar,
soportar
ANT: dejar, renunciar
✎ *Yo no sé como
se caló a su
marido, siendo tan
sinvergüenza.*

calentera: in a huff,
to be angry
SYN: rabieta
✎ *Tu papá agarró
una calentera
porque lo chocaron
esta mañana cuando*

iba al trabajo.

caletrear: to learn something by memorizing it
SYN: aprenderse algo de memoria
ANT: comprender
✎ *Me tengo que caletrear las declinaciones para el examen de latín.*

calienta huevo or **calientahuevo:** a dick-tease, a woman that turns a man on, on purpose, but she won't have sex with him
SYN: microondas
✎ *Él se propasó contigo porque fuiste calientahuevo.*

camaleón: a kind of seed bread typically prepared in the Venezuelan Andes, sold throughout Venezuela
✎ *Buenas tardes, me da dos camaleones y cinco acemitas por favor.*

camarón: nap
SYN: siesta
✎ *Voy a echar un camarón de tres a cuatro de la tarde, porque necesito recuperarme.*

CAMARÓN

cambur: 1) banana 2) job
SYN: 2) trabajo, puesto
✎ *1) El cambur es una fruta tropical. 2) Le dieron un cambur por apoyar al partido.*

CAMBUR

caña: booze, any alcoholic drink
SYN: bebida, ron, cerveza, alcohol, licor
✎ *Los muchachos están en la calle tomando caña.*

cañero: someone who consumes a lot of alcoholic drinks
✎ *Roberto es un cañero, no lo dejes manejar.*

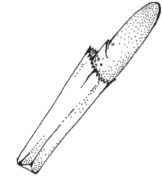

CANILLA

canilla: 1) a pipe 2) French baguette bread 3) legs
SYN: 1) tubo 2) pan 3) piernas
✎ *1) La canilla del fregadero se rompió por la presión. 2) Me desayuné con media canilla rellena de jamón y queso. 3) Esa muchacha si es flaca mírale las canillas.*

cantar la zona: to give a warning in case someone of authority shows up, while you're doing something you shouldn't be doing
SYN: alertar, campanear
✎ *Cántame la zona ahí mientras le quito los reales a la vieja.*

cara de culo: somebody that is not very friendly and usually shows an angry face
SYN: mal encarado
ANT: agradable, amigable
✎ *Luisa es una cara 'e culo, nunca le gusta nada y no saluda a nadie.*

¡caracha!: indeed!, holy mackerel!
SYN: ¡Caramba!
✎ *¡Bonita que está la*

muchacha, caracha!

carajazo: a sharp thrust or punch
SYN: golpe, azote
✐ *Si no te comportas, te voy a caer a carajazos.*

caramelito de ajo: an ironic way to refer to an unpleasant or annoying person
SYN: insufrible, antipático
ANT: simpático
✐ *Petra es un caramelito de ajo, por eso es que todo el mundo le huye.*

carato: a refreshing, non-alcoholic, and fermented beverage made with rice, corn, pineapple or guava
SYN: refresco
✐ *Sírveme el carato de piña bien frío, que hace mucho calor.*

caribear: 1) to dominate someone from a privileged position 2) to scam, to deceive
SYN: 1) dominar 2) abusar, estafar
ANT: 2) ayudar, apoyar
✐ *1) Deja el caribeo con el pasante y déjalo hacer su trabajo. 2) No te dejes caribear por ese estafador.*

carraplana: ruined, financially broken
SYN: ruina, quiebra económica
ANT: riqueza
✐ *Jessica se quedó en la carraplana después de que perdió el trabajo.*

carreta: insignificant stories or gossip
SYN: cháchara
✐ *Ahí viene la conserje con su carreta. Seguro tiene un cuento nuevo.*

carretillear: to take something in a handcart
SYN: cargar, llevar en carretilla

✎ Ya vengo. Voy a carretillear las cajas pa' la bodega.

carrizo: an undesirable place, Timbuktu
SYN: carajo
✎ ¡Vete pal' carrizo que me tienes harta!

catanare: an old car, a junker
SYN: cacharrito, chatarrita
✎ Vámonos en mi catanare pa' la playa.

caucho: tire
✎ Le compré cauchos nuevos al carro.

CAUCHO

cazón: baby shark
✎ En Margarita se comen unas empanadas de cazón deliciosas.

cero rollo: no problem, no worries
✎ Tranquilo chamo, cerro rollo, eso se arregla.

cerro: slums in a mountain
✎ Esa gente tiene que agarrar un Yip todos los días para subir el cerro.

chalequear: to sabotage someone, to make fun of someone
✎ Deja el chalequeo y déjame hablar.

chamo or **chama:** child, kid, colloquial way to call someone, usually used between friends
✎ Los chamos de mi edificio son muy panas.

chao pescao: see you later alligator

Me voy, chao pescao.

chavista: a follower of president Hugo Chávez
Mi prima es chavista y no soporta que hablen mal de Chávez.

chévere: 1) something good, of a good quality 2) cool, nice, neat
2) ¡Qué chévere que viniste a la fiesta!

chichón: a lump that appears in some part of the head after a hit
SYN: tuyuyo, tulundrún
El chichón que se hizo la niña parece un limón.

chicle: a clingy person, a person who depends on another person when it is not necessary
SYN: pegoste, arrejunte, estorbo

Ese chamo parece un chicle. No se despega de su novia ni para ir al baño. / Esa novia tuya es un chicle, no te deja ni a sol ni a sombra.

chigüirear: to fool somebody to do something
SYN: embaucar, engañar
Creo que me chigüirearon con el vestido porque lo compré en 500 bolos y en la tienda de abajo lo tenían a 200.

chinazo: an expression or a gesture that indicates a person's dubious sexuality, the expression or gesture may also indicate an implicit reference to a sexual activity
SYN: ¡chinazo!
El hombre se lanzó tremendo chinazo cuando el otro tipo lo invitó a bailar.

chinguito: eager, excited
SYN: ansioso
✐ *Ya sé que estás chinguito por probar la torta.*

chipichipi: small mollusk easily found on the seashore of some beaches
✐ *Me tomé un consomé de chipichipi que estaba divino.*

chivera: a place where junk car parts are sold
✐ *En la chivera venden repuestos a buen precio.*

choreto: a thing or person that has some kind of deformation, a flaw, something not even
✐ *Ese árbol está choreto. / El bordado me salió choreto, tengo que deshacerlo.*

chuchería: snack
SYN: comida chatarra
✐ *Lolita está gorda porque come mucha chuchería.*

CHUCHERÍA

chulear: to make somebody else pay for what you are supposed to have paid for in the first place
SYN: aprovecharse de alguien
✐ *Rosa se chuleó al jefe en el restaurante. Comió de gratis.*

chupamedias: kiss-up, a suck-up, butt-kisser
SYN: huele culo, jala bola
✐ *Darío es un chupamedias, todo el día está adulando al jefe.*

chupón: 1) a hickey 2) pacifier 3) a

plunger to unclog pipes

✐ 1) ¡Epa! Tienes un chupón en el cuello. 2) El chupón del bebé se cayó al piso. 3) Pásame el chupón para destapar la cañería.

CHUPÓN

churupo: an informal way to talk about money
SYN: real, billullo, cobre, plata
✐ Yo trabajo por unos churupitos al mes.

chuzo: a knife, a shank, cold steel; when people talk about a "chuzo" they automatically think about a knife used as a weapon.
SYN: cuchillo, navaja

✐ Te voy a sacar el chuzo.

CHUZO

cipote: 1) an unpleasant person 2) a distant place unpleasant people are metaphorically sent, go to hell, buzz off
SYN: 1) el fulano, el carajo 2) mandar para la mierda
✐ 1) El cipote ése me tiene al borde. 2) ¡Que se vaya para el cipote y nos deje en paz!

clavar los ojos: to stare at somebody
✐ Carlos me clavó los ojos cuando entré a la sala.

cochino: 1) a pig 2) a pig, a person that doesn't care about his/her hygiene 3) a pig, a person who has inappropriate thoughts, most of them related to sex SYN: 2) sucio, mal aspecto, asqueroso 3) pervertido
✐ 1) Vamos a preparar un cochino frito para la comida del domingo. 2) Se ve que esa mujer es bien cochina. 3) Ese viejo es un cochino. Se la pasa diciéndole cosas feas a las muchachas.

COCO PELADO

coco pelado: a person with a shaved head or just bald SYN: pelado, calvo, afeitado
✐ El barbero dejó a Cristian coco pelado.

coger: to have sex, to fuck
✐ Se la cogió una noche y se olvidó de ella al día siguiente.

cojeculo: a disaster or a mess SYN: alboroto, desastre
✐ En carnavales se formó el cojeculo en la carretera de Carabobo.

colearse: 1) to butt in a line, not respect a turn in a line 2) to go to a social event without being invited
✐ 1) Alberto se coleó en el banco y por eso salió tan rápido. 2) Los muchachos se colearon en la fiesta de Sabrina.

coleón: a person that butts in to a line, passing others in line
✐ Ese viejo es un

coleón y no respeta.
No dejes que se te
adelante.

coleto: a mop
SYN: paño para
fregar el piso, trapo,
mopa
✎ *Pasa el coleto*
después de barrer.

COLETO

colondroño: people
who have the same
last name without
being relatives
✎ *¿Tú también eres*
Gómez? ¡Entonces
somos colondroños!

come gato: a person
with a punk style,
usually applied to
emos or people

related to them
SYN: emo, punketo
✎ *En la exposición*
de Japón se reunen
puros come gatos.

comerse la flecha: to
drive in a prohibited
direction or against
traffic, the wrong way
SYN: ir en dirección
contraria
✎ *Se comió la flecha*
en la avenida y tuvo
un accidente.

comerse un cable:
to eat whatever
you can in order to
survive
✎ *Si no tienes real*
para comprarte un
pan, entonces anda
a comerte un cable.

como caimán en
boca de caño: to lurk
SYN: acechar
✎ *Los hampones*
están como caimán
en boca de caño, así
que mejor no salgas.

¿cómo está la
vaina?: what's up?

Hola Enrique, ¿cómo está la vaina?

con leche: coffee with milk (25% coffee, 75% milk)
Me tomé un con leche con galletas en la merienda.

coñazo: a sharp thrust or punch, a blow, a beating
Si me sigues molestando, te voy a dar un coñazo.

cónchale: Gee!, OMG!
SYN: ¡recórcholis!
¡Cónchale, deja de hacer eso por favor!

conejo: a naive person that is not aware of the bad things that may happen to him/her
SYN: tonto, bobo, gafo, confiado
Te quitaron los reales por conejo.

coño de madrada: a bad action toward somebody

¡coño!: fuck!, wow!

copeyano: a follower of the political party COPEY
Los adecos y los copeyanos han unido fuerzas para contrarrestar al gobierno.

coroto: 1) a generic name for things, stuff 2) political power
SYN: 1) cosas, cachivaches, perol, pote, chécheres 2) poder
1) Recoge tus corotos y vete, ya no quiero vivir contigo.
2) A los políticos lo que les interesa es quedarse con el coroto.

cortar las patas: to split up a relationship, to break up
SYN: separarse, terminar una relación, serruchar las patas

35

ANT: reconciliarse
✎ *El novio le cortó las patas ayer y ella está desconsolada por eso.*

cotufa: a stupid girl, sometimes applied to shallow girls
SYN: tonta, superficial, plástica
✎ *La cotufa esa solo sirve para maquillarse.*

cruzar los cables: to be irritated and to act out of control in a particular situation
✎ *Ayer se me cruzaron los cables y le grité a mi jefe sus cuatro verdades.*

cuaimatizarse: to get angry
ANT: tranquilizarse
✎ *¡Ya te cuaimatizaste!*

cuarto bate: a strong and muscular man
SYN: musculoso, míster músculo
✎ *Tu hijo sí traga.*

36

Cuando sea grande será un cuarto bate.

CUARTO BATE

cuatro verdades: to express the inner feelings towards an unpleasant person
SYN: pegar cuatro gritos
✎ *María no aguantó más y le dijo cuatro verdades a su mamá.*

cuchara: cunt
✎ *La cuchara es otro nombre vulgar del órgano sexual femenino.*

cuchitril: an inappropriate place

to live or for any kind of activities
SYN: chiquero, pocilga
🖉 *Los damnificados viven prácticamente en un cuchitril.*

cuerda de: a bunch of people
🖉 *Aquí lo que hay es una cuerda de jodedores.*

cuídate el dulce: 1) it is an insulting form of flattery, or *piropo*, when a man uses it with a woman, meaning "keep your pussy safe" 2) when a man says this to another man it means "take care!" when saying goodbye
🖉 *1) ¡Upa mi amor! Cuídate el dulce.*
2) ¡Dale pana, nos vemos, cuídate el dulce!

culebrón: a Mexican-like soap opera, the plot tends to be long and sometimes ridiculous
🖉 *A mi no me gustan los culebrones que pasan en el canal 4.*

culillúo: coward, chicken
SYN: cobarde, gallina
ANT: valiente, gallardo
🖉 *Tú no te vas a atrever porque eres muy culillúo.*

culo: 1) ass, anus 2) actual or potential female mate, chick
SYN: 1) trasero, ano 2) polla
🖉 *1) Se le veía el culo con esa tanga.*
2) Chamo, vamos a levantar unos culos por ahí.

curucutear: to rummage
SYN: hurgar, registrar
🖉 *Deja de curucutear mis cosas.*

D

dale play: go ahead, do it, start!
SYN: ¡comienza!
ANT: no lo hagas
✍ *Bueno, dale play, vamos a empezar.*

dar culo: to be at somebody's service for a personal interest, most of the time related to sexual intercourse, but it is also an expression to indicate a disposition to do anything in exchange for a person's favor
SYN: ofrecerse, estar a la disposición
✍ *Bueno dale culo al policía pa' que te deje entrar en la discoteca.*

dar la letra: to give orders or commands
SYN: dar órdenes, dar instrucciones
✍ *El jefe ya dio letra, así que pónganse a trabajar.*

dar un parado: to put someone in his place
SYN: poner a alguien en su sitio
✍ *Les di un parao porque estaban abusando.*

darse bomba: to spend too much time dressing up
SYN: tardarse mucho
✍ *Mi novia se da bomba cuando se arregla para ir al cine.*

date: yes, go ahead
✍ *¿Quieres un cigarro? –Date pues.*

de anteojito: obvious
✍ *Está de anteojito que tú le gustas a Rómulo.*

¡de bola!: of course!
SYN: ¡Claro!, ¡Por supuesto!
✍ *¡De bola que yo tengo la razón!*

de este color: big in size; when people say that something is "de *este color"* they make a gesture with their hands indicating that the object is big.

✎ *La señora quedó impresionada porque la torta era "de este color".*

de vainita: almost
SYN: por poquito, casi casi, de chiripita
✎ *¡De vainita me caigo cuando me bajé del carrito!*

del carajo: great, excellent
✎ *La bebida estuvo del carajo, sirvieron lo mejor de lo mejor.*

despelote: mess, confusion, chaos
✎ *Hubo un desacuerdo en el partido y se formó un despelote entre los fanáticos de ambos equipos.*

dormilona: sleeping camisole
✎ *Ponte la dormilona que ya es hora de acostarse.*

E

¡échale bolas!:
imagine how hard it
is!, imagine that!
SYN: ¡imagínate!
✐ Mi hermano dejó
preñada a la novia y
ya tiene tres carajitos,
¡échale bolas!

echar carro: to
loaf around, to do
anything instead of
working (on a project
or in a company, for
you boss, etc.)
SYN: dejar de
trabajar, flojear,
holgazanear
ANT: trabajar,
cumplir con
responsabilidades
✐ Dejé el proyecto
por la mitad y eché
carro toda la tarde.

echar paja: to sell
somebody out
✐ Sofía me echó
paja con el profesor
y ahora tengo que
pedir disculpas por lo
que pasó.

echar un camarón: to
take a nap
SYN: dormir un rato,
echarse una siesta
✐ Voy a echarme un
camaroncito antes
de salir al trabajo.

echar un ring: to
make a telephone
call
✐ Échame un ring
y nos ponemos de
acuerdo para hacer
los preparativos.

echarle bolas:
to work hard for
something
SYN: echarle pichón,
echarle pierna
✐ Hay que echarle
bolas para conseguir
el ascenso.

echarle pichón: to
work on something
SYN: ponerle ganas,
hacer el esfuerzo
✐ Vamos a echarle
pichón para sacar el
país adelante.

echarse palos: to
drink beer, scotch, or

any liquor
SYN: tomarse unos palos, empinar el codo, echarse una pea
✐ *Me fui pa' casa e Luis y nos echamos unos palos en el patio.*

echón: someone who boasts about having money or remarkable earnings, it is also applied to self-centered people
SYN: respingado, sifrino, egocéntrico, engreído
ANT: modesto
✐ *Ella es muy echona, siempre está hablando de sus viajes a Europa.*

¡el coño de tu madre! or **¡el coño e' su madre!:** you son of a bitch, shithead, fuck you
✐ *¡Me traicionaste! ¡El coño de tu madre!*

el mío: friend, pal, chum

SYN: convive, panita
✐ *¡Háblame el mío! ¿que hay pa' hoy?*

embarcar: not showing up
SYN: dejar plantado
✐ *No me vayas a dejar embarcada en la cita de mañana.*

embasurarse: to eat snacks and therefore not have an appetite for a full meal
SYN: picar
✐ *No te embasures, que vamos a salir a cenar esta noche.*

empatarse: to start a relationship
SYN: ennoviarse, arrejuntarse
ANT: separarse, terminar, cortar
✐ *Rodolfo y Alicia se empataron en las vacaciones.*

empatucar: to make a mess with a sticky substance
SYN: crear un pegote
✐ *Los niños tenían*

toda la cara empatucada de chocolate.

empepado: to be infatuated, deeply in love with somebody and to be hopeful about that feeling
✐ *Richard está empepado con Claudia y ella no le para bolas.*

emperifollarse: to dress up with fancy clothes and accessories
SYN: arreglarse, ponerse pepito
✐ *Mi mamá se emperifolló como nunca antes para celebrar el fin de año.*

en pelotas: naked
ANT: vestido
✐ *En esa playa nudista todo el mundo estaba en pelotas.*

encamburarse: to get a job from the government
SYN: obtener un puesto o empleo público
✐ *Diego se encamburó con el nuevo gobierno.*

encapillado: to drink secretly
SYN: a escondidas, furtivamente
ANT: abiertamente, en público
✐ *Los muchachos toman encapillados porque sus papás no les permiten beber.*

encasquetar: to foist upon, to saddle, to stick with someone the responsibility for
SYN: endilgar, imponer
ANT: negociar
✐ *Me encasquetaron a la hermanita de mi cuñado mientras ellos salieron a divertirse.*

enchave: bad luck, misfortune, disgrace
SYN: desgracia, mala suerte

ANT: bendición, buena suerte
✐ *Qué enchave que se enfermó Sabrina.*

encompincharse: to make an alliance
SYN: compincharse, aliarse
ANT: separarse, enemistarse
✐ *Las dos se encompincharon para irse de compras.*

enconchar: to hide a fugitive
✐ *Durante la dictadura, doña Inés enconchó a varios perseguidos políticos en su casa.*

engorilarse: to get angry, furious
✐ *Edgar se engoriló cuando supo que su mejor amigo lo había traicionado.*

enratonado: to be hung over or drunk the day after the party
SYN: rascao',

amanecío, tener un ratón, ambilado
✐ *Mi hermano está enratonao' y mi mamá le tuvo que hacer una sopa levanta muertos.*

enrollarse: to complicate things
✐ *No te enrolles, que la vida es corta y hay que disfrutarla.*

¡epa! or **¡épale!:** hey!
SYN: ¡háblame!, ¡que pasó!, ¡qué dice!
✐ *¡Épale mi pana! ¿todo fino?*

eres la cagada de tu padre or **eres la cagada de tu madre:** the son/daughter looks exactly like the father or the mother

escachapar: to smash
✐ *Cuando estaba a punto de entrar, la gente se volvió loca y me escachaparon contra la puerta.*

escuálido: a

derogatory way to name the opposition against Chávez's government
✎ *Los escuálidos no reciben un trato igualitario por parte del gobierno.*

esguañingado: damaged, deteriorated
✎ *Esos zapatos están muy esguañingados, hay que botarlos ya.*

esmachetado: very fast
✎ *Virgilio iba esmachetado por la autopista porque iba retrasado.*

espitado: very fast
✎ *Salió espitao cuando lo llamaron para avisarle que su esposa estaba en el hospital.*

estar arrecho: to be really mad
✎ *Mi papá esta arrechísimo porque llegué a la casa a las 5 de la mañana.*

estar cagado: to be afraid

estar como pajarito en grama: to be lost or frightened in any situation, not to know what to do and to look to every direction in order to be oriented
✎ *Chucho quedó como pajarito en grama cuando supo que la novia estaba preñada.*

estar ennotado: to be high
SYN: drogado, endrogao
✎ *Karelis entró a la clase y se veía que estaba ennotada.*

estar mamado: to feel tired
SYN: cansado, molido, agotado, vuelto leña, vuelto ñoña
✎ *Salí a la calle a las 5am y llegué a las*

9pm. *Estoy mamada de verdad.*

estar más perdido que el hijo de Lindbergh / Limber: to completly be lost, disoriented
SYN: estar perdido, desorientado
🖉 *Renzo está más perdido que el hijo de Lindbergh en su nueva ciudad.*

estar picado: to express annoyance because of something that is not really important, to overreact
SYN: molestarse

estar salado: to have bad luck
SYN: empavado
🖉 *Estoy más salado que la cuca de la Sirenita.*

esto es una mierda or **esto es una cagada:** this is a shitty mess

F

fajón: studious, bookish
SYN: estudioso, aplicado
ANT: flojo, desaplicado
🖉 *Yo era muy fajona en el colegio y por eso siempre saqué buenas notas.*

faramallero: a person who likes to be the center of attention and/or enjoys going to parties and social events
SYN: presuntuoso
ANT: modesto
🖉 *Julia es súper faramallera, no se pierde una fiesta por nada del mundo.*

farandiperra: women that have dates with wealthy men just to be seen with them and for their money
🖉 *A las farandiperras les encanta salir con los paviperros de la esquina.*

fiebrúo: very keen or enthusiastic about something
✐ *Mi hijo está fiebrúo con su nuevo carro y lo lava y lo pule todas las semanas.*

fino: fine, great
SYN: bueno, estupendo
ANT: malo, terrible
✐ *Estos zapatos nuevos están burda de finos.*

FLUX

flux: a suit
✐ *Me voy a poner el flux azul para ir al matrimonio esta noche.*

fosforito: easily upset or angry person
SYN: irritable, irascible
ANT: pacífico, calmado
✐ *Iris es un fosforito, enseguida se enfurece.*

frasquitero: restless, bubbly, trouble-maker
SYN: pizpireto
ANT: discreto, modesto, sereno
✐ *Mercedes es muy frasquitera y tiene engatusado a más de un muchacho a la vez.*

fregar: 1) to do the dishes 2) to annoy
SYN: 1) lavar la loza 2) molestar
✐ 1) *Hoy te toca fregar los platos a ti.* 2) *¡No friegues tanto y déjame concentrarme!*

frenar en el hierro: to

stomp on the brake
✐ *Cuando el camionero frenó en el hierro todo el mundo se asomó a ver por el ruido.*

frito: to have no money
SYN: estar limpio, en la carraplana
✐ *Quedé frito después de Semana Santa. Ahora tengo que trabajar parejo.*

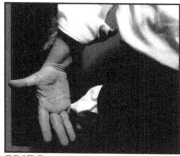

FRITO

ful: full, complete
✐ *La nevera está ful, tengo de todo.*

fumado: to be under the effect of marihuana
✐ *Gonzalo está fumado, tiene la mirada perdida y* está todo raro.

fundamento: good behavior, discipline
✐ *Alicia no tiene fundamento, se exhibe como una cualquiera.*

fuñío: a person with a strong and difficult personality
SYN: jodido, difícil
ANT: afable, agradable
✐ *El vecino de al lado es bien fuñío y mal encarado.*

furruqueado: overused, worn-out
SYN: desgastado
✐ *Ese carro está súper furruqueado, lo han usado todos mis hijos.*

fusilar: to plagiarize
✐ *Lisbeth me fusiló la idea y la presentó ante el jefe como si fuera de ella.*

G

gaita: a traditional Christmas music from Zulia state
✐ *Las gaitas animan las fiestas navideñas.*

gallo: a very intelligent student, most of the times "*gallo*" is not popular among children or teenagers, because he or she brags about his/her knowledge, similar to smart ass, know-it-all
SYN: sabiondo, sabelotodo, cerebrito
ANT: bruto, ignorante
✐ *Ese chamo si es gallo, se la pasa en la biblioteca todo el tiempo y saca 20 en todos los exámenes.*

GANDOLA

gandola: a flat bed cargo truck
SYN: camión de carga de gran tamaño
✐ *La gandola perdió los frenos y causó un gran accidente en la autopista.*

Gochilandia: the funny way to call *Los Andes* region in Venezuela
✐ *Vamos a pasar las navidades en Gochilandia.*

golilla: to get something of value for a low cost
✐ *¡El precio de esa casa es una golilla, aprovéchala!*

goteaíto: something that is done little by little, it makes reference to the action of dripping
SYN: contaíto, de a poquito
✐ *Al fin llegó la harina al abasto. Lo malo es que llegó goteaíta y no me dejaron comprar tres bolsas.*

gozar un puyero: to have a lot of fun
✍ *Gozamos un puyero en la fiesta de anoche.*

gran cacao: an important or powerful person
✍ *Eugenio Mendoza es un gran cacao por su riqueza y poder.*

guabinoso: aloof, evasive, elusive
SYN: escurridizo, evasivo, esquivo
✍ *Los políticos suelen ser guabinosos en sus declaraciones.*

guacamaya: someone who dresses up with many different colors similar to the colored feathers of the macaw
SYN: payaso
✍ *Ahí viene la guacamaya de la casa de al lado.*

guache: friend, pal, buddy

✍ *Qué pasó guache vamos a beber Miche.*

guapachoso: cheerful, fun-to-be-with
✍ *Valentina es muy guapachosa, le encanta bailar y divertirse.*

guáramo: courage
✍ *Nelson tiene mucho guáramo, no se amilana por nada.*

guarapita: an alcoholic beverage made with fermented fruits
✍ *Vamos a tomarnos una botella de guarpita, compadre.*

guarimba: 1) public disturbance, lately (since the Chávez government began) it has been used to describe any protest from the opposition to bring the government down 2) shelter or a place to hide

✐ 1) Los opositores tienen una guarimba planificada.

guasacaca: guacamole
✐ La guasacaca se prepara con aguacate, cebolla, ají, ajo, pimentón, cilantro y sal.

GUASACACA

guayabo: love sickness
✐ Frank tiene tremendo guayabo porque lo dejó la novia.

guayuco: loin cloth
SYN: taparrabos
✐ Los indios usan sólo el guayuco como vestimenta.

guinda'o de la brocha: to be without somebody's support
SYN: desamparado, sin ayuda
ANT: apoyado
✐ Al pobre muchacho lo dejaron en la calle guinda'o de la brocha.

güiro: head
✐ Le metieron dos pepazos en el güiro y quedó tendido en al acera.

GÜIRO

H

háblame cloro:
informal greeting,
common in slums
or among people
(especially men) that
are in contact with
that environment
✎ ¿Qué es lo que es
el mío? ¡Háblame
cloro!

hacer cebo: to make
out
SYN: jamonarse,
besuquearse
✎ A esos dos no les
da pena hacer cebo
frente a una iglesia
¡qué horror!

hacer una vaca: to
collect money to
buy alcohol, food
or anything required
to prepare a party
among friends
✎ Vamos a hacer
una vaquita para
comprar la carne
y nos vamos pa' la
parrilla.

hacerse el paisa:
to act as if you are
innocent of any
accusation or in a
determined situation
SYN: hacerse el loco

hacerse la manuela:
to masturbate
SYN: paja
✎ Ya ese niño le esta
dando por hacerse la
manuela.

HALLACA

hallaca or **hallaquita:**
a bundle of corn
dough packed into
corn leaves that is
boiled and served
to accompany
some meals, it is a
traditional Christmas-
time dish, similar to a
tamale
✎ En el restaurant nos
sirvieron hallaquitas
con la carne. / Nos
reunimos a preparar

51

las hallacas para la Navidad.

haragán: a wooden mop floor cleaner that is used with the mopping cloth called "coleto"
✐ *Trae el haragán para ponerle el coleto y limpiar el piso.*

hilo dental: 1) dental floss 2) thong
SYN: 2) tanga
✐ *1) El dentista me recomendó usar hilo dental. 2) Me compré un hilo dental para lucir mi nueva figura.*

HILO DENTAL

huevo pelado: an expert
✐ *Lucía es un huevo pelao en lo que hace, no tiene*

competencia.

huevo: dick, cock
✐ *A los genitales masculinos se les denomina "huevo" en Venezuela.*

¡huevón!: damn idiot!
SYN: ¡Gilipollas!
✐ *¡Cállate la boca, huevón!*

I - J

indio: to be ignorant and low skilled
✎ Soy una india para la tecnología.

interior: male underwear
✎ Mi esposo prefiere usar los interiores de algodón.

jaleti: butt-kisser
✎ Deja de ser jaleti con el profesor para que te pase la materia.

jamaquear: to shake someone or something, especially by holding someone by the shoulders
SYN: sacudir, batir
✎ La maestra jamaqueó al niño como si fuese un muñeco. Al día siguiente la despidieron.

jamonear: to kiss erotically
✎ Es incómodo que una pareja se esté jamoneando al lado de uno en el cine.

jevi: heavy, difficult, hard, annoying
✎ La situación del país está jevi, bien complicada.

joder: 1) to tease 2) to annoy
✎ 1) Estábamos jodiendo, no lo dijimos en serio. 2) ¡Cómo jodes, ya me tienes cansada!

jodido: 1) a hard or difficult situation 2) a difficult or strict person
✎ 1) La vaina está jodida, no sé cómo vamos a hacer. 2) Charito es muy jodida, así que no la provoques.

jojoto: 1) corn on the cob 2) a young person, not ready to face certain responsibilities
✎ 1) La sopa tiene

carne, verduras y unos jojotos bien buenos. 2) Rolando está muy jojoto todavía para asumir ese cargo tan importante.

JOJOTO

jujú: affair
✐ *La esposa del jefe no sabe que él tiene un jujú con su secretaria.*

la cagué: I messed up

la masa no está pa bollo: an expression meaning that we're facing difficult times and there is no room for spontaneous actions
SYN: la cosa está pelúa, la cosa está difícil
✐ *No te puedo comprar esos zapatos. Están muy caros y la masa no está pa' bollo.*

lacra: a gang
SYN: bichito, escoria, rata
✐ *Esa lacra tiene una culebra conmigo.*

ladillado: bored
✐ *Estoy ladillado aquí encerrado en la casa.*

lambusio: a beggar that asks for food indiscreetly

lanzarse al agua: to get married
✐ *Me lanzo al agua el mes que viene, ya tengo el anillo.*

LANZARSE AL AGUA

leche: good luck
✐ *¡Qué leche tiene Javier, arrasó con los premios!*

lenteja: slow, a person that doesn't understand things quickly
SYN: lento, gafo, agüevoneao, caído de la mata
ANT: pilas, avispao, despierto
✐ *¡Si eres lenteja! ¿No viste que el muchacho te picó el ojo?*

liceo: public secondary school
✐ *Cuando salga del liceo quiero estudiar arte en la universidad.*

lipa: belly
SYN: barriga, panza
✐ *Mira la lipa que tiene Marcelo por tanto tomar cerveza.*

LIPA

liquiliqui: the male Venezuelan traditional costume
✐ *El liquiliqui es un traje masculino que consiste en una camisa de manga larga tipo chaqueta con cuello mao y un pantalón largo, complementado con un sombrero de ala ancha y alpargatas, y por lo general el conjunto es de color*

blanco.

llevar una morena:
to pass someone or
beat them
SYN: ganar, superar
✐ *Fernando me*
lleva una morena en
matemáticas.

loco de bolas:
fucking crazy
SYN: loco de remate,
loco de carretera
✐ *Mosca con ese*
viejito que está loco
e' bolas.

M

macha: a strong,
brave woman
✐ *Claudia es*
macha, siempre
sale adelante ante
cualquier problema.

macho: 1) a strong,
brave, and masculine
man 2) a lot
✐ *1) Ese tipo sí es*
un macho, no se
acobarda con nada.
2) Está haciendo un
calor macho.

maiceado: strong,
robust, healthy
✐ *Ese tipo está bien*
maiceado, se ve
fuerte.

mala sangre: a mean
person, bad blood
SYN: sangre chinche,
malasangroso,
malagente
✐ *Esa mujer si es*
mala sangre. Creo
que hasta hace
brujerías.

maluco: 1) a bad

person 2) nasty taste
SYN: 1) malvado 2)
mal sabor
ANT: 1) bueno 2)
sabroso
✐ 1) No seas maluco,
deja de asustar a tu
hermanita. 2) Este
café sabe maluco,
porque Antonio le
puso sal en vez de
azúcar.

¡mamahuevo!: a
dicksucker
✐ ¡Me robaste!
¡Mamahuevo! /
¡¿Me vas a tirar
el carro encima
mamahuevo?!

mamando: to be
bankrupt
✐ El pobre Genaro
está mamando,
vamos a prestarle
algo de dinero.

mami: a man that
behaves like a
woman when he
should be a man
SYN: jevita
ANT: macho
✐ Pedro gritó como

una mami cuando
vio la cucaracha.

mango bajito: an
easy girl
✐ Bueno mi pana
te aconsejo que
te prepares para
comerte ese mango
bajito.

manguarear: to
waste time, to boss
about
SYN: mangonear,
perder el tiempo
ANT: trabajar,
aplicarse
✐ ¡Deja de
manguarear y ponte
a hacer la tarea!

maracas: balls, nuts,
testicles
✐ A Sebastián le
tocaron las maracas
en el metro.

marear: to talk too
much and to make
people tired after
listening
✐ Ese político me
marea.

marico: 1) fag, gay 2) pal 3) stupid, idiot, asshole
✐ 1) A mí me parece que Horacio es marico, porque no muestra interés por las mujeres. 2) ¿Cómo estás marico? ¿Todo bien? 3) ¡No seas marico, eso no es así!

marimacha: a woman that appears to be a man because of her manners or dress
✐ Vestida con corbata y sombrero pareces una marimacha.

mariquera: nonsense SYN: tontería, sandez ANT: sensatez
✐ Ya vas a empezar con la mariquera de que quieres dejar de estudiar.

marrón: coffee with milk (50% of each)
✐ Me tomé un marrón en el desayuno.

58

maruto: belly button
✐ Rosita ya sabe señalar dónde está su maruto.

más caliente que plancha de chino: it is said when somebody is very upset
✐ La novia de Robert está más caliente que plancha e' chino. Lo descubrió con otra tipa.

mata burro: a dictionary
✐ Si no sabes lo que significa "disléxico," búscalo en el mata burro.

MATA BURRO

matar la culebra por la cabeza: to solve a difficult problem
✐ ¡Ya no aguanto más! tengo que matar esa culebra

por la cabeza.

matear: to do something carelessly
✎ *Juana le dio un mateo a la limpieza.*

matraquear: to extort
✎ *El policía me matraqueó para no ponerme la multa.*

me estás jodiendo: you're fucking me over

me sabe a mierda or **me sabe a culo:** I don't give a shit

métase su... por el culo: shove it up your ass, insulting phrase that literally means: "put your (whatever) into your ass"
✎ *¿Qué no me quieres prestar la plata que te pedí? ¡Métete tu dinero por el culo!*

meterse un puñal: to study hard
SYN: estudiar duro,

aplicarse
✎ *Gabriela se metió un puñal para el examen y sacó buena nota.*

metra: a marble
SYN: canica
✎ *Los niños están jugando metras en el patio.*

METRA

mingón: spoiled
✎ *¡Qué muchacho tan mingón, por todo lloriquea!*

mochar: to cut
✎ *Me mocharon el pelo.*

modess: menstrual pad
✎ *Voy a comprar unos modess porque me va a venir el período.*

59

mojón: a lie
✐ ¿Que en Caracas cayó un meteorito? ¡Eso es mojón! / Eso que ella dice es mojón, no se lo creas.

mojonero: a liar
✐ David es muy mojonero, yo no confío en él.

mollejúo: something good, with a good quality, awesome
SYN: arrecho, chévere
ANT: chimbo
✐ ¡Compai ese guiso le quedó mollejúo!

mono: 1) sweat pants 2) a person whose appearance makes you think he lives in the slums
SYN: 2) tierrúo
✐ 1) Me compré un mono azul para hacer ejercicio. 2) Esa chama se viste como una mona.

morocho: twin
SYN: gemelos

✐ Miguel y Luis son hermanos morochos.

MOROCHO

mosca: caution, be aware, heads up
SYN: ojo pelao, pendiente, cuidado, pilas
ANT: despistado, caído de la mata, agüevoneado
✐ Tienes que estar mosca para que no se aprovechen de ti.

muñuño: knot, tangle
✐ Se formó un muñuño con el cable que no he podido desenredar.

MUÑUÑO

60

N - Ñ

na' guará: oh my God!
SYN: berro!, bestia, na' güevoná, a la verga, vergación
✎ *Se acabaron los reales ¡na' guará!*

naiboa: nothing
✎ *No hay nada… naiboa.*

negrear: to discriminate
✎ *A ella la negrearon y no la dejaron entrar en el equipo.*

ni a palos: no way, literal translation is "not even if hit with a stick"
✎ *¡Yo no me voy a un refugio ni a palos!*

¡ni de vaina!: hell no! no damn way!

niche: red neck, ordinary person
SYN: chabacano
✎ *Winston es muy niche, fíjate qué ordinario habla y se viste.*

no dar pie con bola: to constantly make mistakes
✎ *Rodrigo no da pie con bola, ya es la tercera vez que intenta armar la cuna y siempre se le cae.*

¡no me jodas!: don't bullshit me!
✎ *¿Qué te vas a retirar en este momento? ¡No me jodas!*

no te hagas el paisa or **no te hagas el güevón:** don't be a dumbass, you know what I mean

ñapa: 1) an extra amount, a bonus 2) furthermore
✎ *1) El charcutero me dio 50 gramos de jamón de ñapa. 2) Me comí una arepa, un muslo de pollo y de ñapa un pedazo de carne.*

ñoña: shit
✐ *Limpia la ñoña del perro por favor.*

o sea: I mean...
✐ *A mi no me gusta él, o sea... no es mi tipo.*

onoto: a natural vegetable yellow colorant
SYN: bija
✐ *Yo coloreo el arroz con onoto.*

pacheco: cold weather
✐ *Está haciendo pacheco, me voy a abrigar.*

pachulí: a strong and bad smell from someone that doesn't take care of his/her hygiene
SYN: tufo, violín
✐ *La señora que me pasó por al lado tenía pachulí.*

pacuso: a term used to describe someone's bad smell. it is a compounded word from *"pata"*

(foot), *"culo"* (ass) and *"sobaco"* (armpit)
✐ *¡Anda a bañarte que hueles a pacuso!*

pai or **mai:** father or mother, commonly used in Venezuelan plains but recognized in all Venezuela
✐ *Fernandita es igualita a la mai.*

pajarito preñado: a term used to describe the illusions felt by a teenager or a naive person
✐ *Deja de soñar con pajaritos preñados, ese chamo no quiere nada contigo.*

palanca: pull, influence or authority to make another person to get accepted as a member of an institution through irregular procedures
✐ *Ella consiguió ese trabajo por palanca, porque su tío es uno de los altos ejecutivos de la compañía.*

palo abajo: downhill
SYN: en decadencia
ANT: boyante
✐ *Ese negocio va palo abajo, sólo da pérdidas.*

palo de hombre or **palo de mujer**: a strong, brave man or woman
SYN: persona admirable, valiente
ANT: pusilánime
✐ *Marisela es un palo de mujer que ha salido adelante por sí sola.*

paloteado: under the effect of alcohol, but not completely drunk
SYN: tomado, pasado de tragos
ANT: sobrio
✐ *Estábamos paloteados y no nos dimos cuenta de que Mirna se fue.*

panqueca: pancake
✐ *Quiero desayunar*

con panquecas.

PANQUECA

pantallero: someone who enjoys showing off
✎ *Tú si eres pantallero, estás insoportable con ese celular nuevo.*

papa: food
✎ *Me metí tremenda papa en el almuerzo.*

PAPA

papaúpa: leader
✎ *Héctor es el papaúpa del grupo*

y nadie le lleva la contraria.

papeado: 1) a muscular boy or guy 2) a fat person
SYN: musculoso, robusto
ANT: flacucho, débilucho, enclenque
✎ *1) El hijo de Julia está bien papeado.*

parapetear: to fix something provisionally or in a precarious way, to arrange something clumsily
SYN: medio arreglar, dar un mateo
ANT: arreglar, reparar
✎ *El técnico me parapeteó el televisor porque sigue igual de dañado.*

parar bolas: to pay attention
SYN: parar el oído, prestar atención
ANT: estar despistado, no prestar atención
✎ *Párame bolas que*

te estoy hablando en serio.

parcha: fag
SYN: maricón
✎ *Felipe es parcha y se fue a vivir a Nueva York con su novio.*

parejo: too much
✎ *Tienes que trabajar parejo para comprarte una casa.*

parir: to make a great effort in order to achieve a goal
SYN: esforzarse, trabajar duro
✎ *Tuve que parir para hacerle el disfraz a mi hijo.*

parrillero: a motorcycle passenger
SYN: pasajero de motocicleta
✎ *La novia de Julián iba de parrillera en la moto.*

pasapalo: an appetizer that is served in social events
SYN: bocado
✎ *En mi boda se sirvieron pasapalos tan finos como coquilles Saint Jacques, langostinos y caviar.*

pasar roncha: to go through a difficult or uncomfortable situation
SYN: pasar un mal rato
ANT: pasar un buen rato
✎ *Pasé roncha en la cola del banco.*

pasito: a quiet sound
✎ *Habla pasito que el bebé está durmiendo.*

pata en el suelo: insulting term for a low class person, poor, humble
SYN: pobretón, tierrúo, don nadie
ANT: rico, adinerado
✎ *El tal Mauricio es un pata en el suelo.*

patinar el coco: to go crazy
SYN: estar loco, estar de remate, "se te cayó un tornillo"
✎ *Chamo a ti como que te patina el coco.*

pato: fag, gay
✎ *Me parece que Leonardo es pato, nunca ha tenido novia.*

pava: bad luck
✎ *El pobre tiene una pava encima, todo le ha salido mal.*

pavo: a young boy or girl, adolescent
✎ *A los pavos les encanta el grupo de rock que está de moda.*

PAVO

pavoso: 1) someone or something that produces bad luck 2) annoying
SYN: 1) de mala suerte/vibra 2) fastidioso
ANT: 1) de buena suerte/vibra 2) ameno
✎ *1) Esa decoración de colores tan oscuros es pavosa. 2) Las visitas a casa de mi tía solterona son muy pavosas.*

pechugo or **pechuga:** boyfriend or girlfriend
SYN: arrejunte, costilla
✎ *Puedes ir a la fiesta con tu pechuga, no hay rollo.*

pegar un grito: to reach out for help
SYN: me buscas, llamas, me pides ayuda
✎ *Bueno estamos en contacto, cualquier cosa pegas un grito.*

pela: a beating
SYN: tunda

Si te sigues portando mal, te voy a dar una pela.

pelabola: a poor person
Ese tipo es un pelabola, no tiene donde caerse muerto.

pelar gajo: to die
Casi pelo gajo en la operación.

pelazón: lack of money
Con esta pelazón no se puede gastar más que en lo necesario.

pelón: 1) bald 2) a mistake
1) Mauro se está quedando pelón. 2) Iván se echó tremendo pelón en la prueba y no la pasó.

peluquearse: to do one's hair in the salon
Me voy a peluquear para salir esta noche.

penoso: shy
La muchacha es muy penosa y no quiere salir a saludar.

pepa: 1) pill 2) a little bit
1) Tómate una pepa para el dolor de cabeza. 2) Eso que me serviste es una pepa, voy a quedar con hambre.

PEPA

pepazo: a gunshot
Lo mataron de un pepazo en la frente.

perico: 1) a small kind of parrot 2) scrambled eggs with onion and tomato 3) cocaine
1) Mi mascota es un perico. 2) Quiero perico en el desayuno. 3) Esos tipos se meten

perico, son unos drogadictos.

perrero: a hot dog vendor
✎ *El perrero también me vendió un refresco.*

picarse: to get upset
✎ *Si le criticas la ropa, se va a picar.*

pichirre: stingy
✎ *No le pidas nada a Alberto porque es muy pichirre.*

pingo: an insulting word for a dumb person
SYN: pendejo, güevón
✎ *Ese chino es un pobre pingo.*

pintar una paloma: to give someone the middle finger
SYN: mostrar el dedo grosero
✎ *Le pregunté si quería salir conmigo y me pintó una paloma.*

pirar: to run away from a place
✎ *El partido ya va a empezar así que voy a pirar.*

playa seca, punto fijo: goofy phrase said when someone doesn't travel during vacation, the literal translation would be "dried beach, fixed point" and means to regret staying at home during vacations or holidays
✎ *¡Que va! estas vacaciones ando sin real, me sale ir a playa seca, punto fijo.*

POLAR

Polar: beer
✎ *Compré una caja de Polar para la*

fiesta.

pollina: bangs
✎ *Se dejó crecer la*

POLLINA

*pollina para disimular
su enorme frente.*

ponche de crema: a
typical liquor drink,
similar to egg nog,
white creamed-
based prepared
with rum, sweetened
condensed milk,
grated nutmeg and
eggs; recipes are
different in each
region and are
prepared or bought
during Christmas
SYN: leche e' burra
✎ *Vamos a preparar
un ponche de crema
para la cena de
navidad.*

poner el ojo encima:
1) to focus on a
particular aim or
objective 2) to focus
on getting someone's
attention
✎ *1) Yo le puse
el ojo encima al
vestido a penas lo
vi. 2) Marcos entró al
restaurant y mi amiga
le puso el ojo encima
desde ese momento.*

ponquecito: a
cupcake

PONQUECITO

✎ *Me encantan
los ponquecitos de
vainilla y chocolate.*

portu: a nickname for
Portuguese people,
especially the ones
who work in bakeries
✎ *Portu, dame una*

69

canilla y un marrón,
por favor.

pujito: a person who wants everything to be done in a hurry, or the annoyance caused by someone's hurry.
SYN: apuro, apuradera
✎ *Deja el pujito que ya voy a estar lista para salir.*

pure: someone's father or grandfather, an old man
SYN: viejo
✎ *Mi pure es calidad.*

púyalo: to hurry up
SYN: dale rápido, muévete, dale chola
ANT: bájale, espérate
✎ *Bueno ahora púyalo que va en bajada.*

Q

¿qué animal es este gato?: who is that person?
✎ *¿Y qué animal es este gato? Yo no lo conozco.*

que jode: a lot
✎ *Hace calor que jode.*

¡qué ladilla!: this is freaking boring/annoying!
✎ *¿Tenemos que volver a empezar? ¡Qué ladilla!*

¡qué molleja!: what a situation!, oh my god!
SYN: berro!, bestia, na' güevoná, a la verga, vergación
✎ *¡Qué molleja e' pea!*

¡qué nota!: that's so nice!, cool!
SYN: chévere, fino, cartelúo
✎ *¿Karina ganó cinturón negro en Kárate? ¡Qué nota!*

¡qué raya!: what an embarrassing thing!
SYN: ¡qué vergüenza!
✐ *Mamá no me agarres la mano frente a mis compañeros ¡Qué raya!*

quemaíto: a CD or DVD sold illegally
✐ *Voy pa' la Hoyada a comprar unos quemaítos.*

QUEMAÍTO

querrequerre: grouch, a quick-tempered person
SYN: cascarrabias
ANT: persona plácida
✐ *Juancho es un querrequerre, por todo se pone bravo.*

quinta: a big house
✐ *La familia López vive en una quinta de lo más bella.*

rancho: a precarious house in a slum
SYN: casucha
✐ *Se les vino abajo el rancho por la lluvia.*

rascarse: to get drunk
✐ *Los muchachos se rascaron en la fiesta y dieron un espectáculo.*

raspar: 1) to flunk an exam 2) to fuck somebody
SYN: 1) no pasar, reprobar, aplazar 2) coger, tirarse a alguien
ANT: 1) pasar, aprobar
✐ *1) Creo que raspé el examen de matemáticas. 2) El jefe se raspó a la secretaria anoche.*

rata: somebody that does bad things consciously
✐ *¡Chamo tu si eres tremenda rata! ¡¿Cómo le*

vas a pegar a tu
hermanito?!

ratón: hangover
✐ Ese ratón se te
quita con un café
bien cargado.

rayar: to ruin
someone's reputation
SYN: dañar la
reputación
✐ Te vas a rayar si te
juntas con esa gente
tan chabacana.

real: money

rebotar: to be kicked
out of a place
because the person
doesn't have what it
takes to be in
✐ Me rebotaron de
la discoteca porque
me descubrieron la
cédula falsa.

regañar: to taste
something really
acidic or tart
✐ La limonada me
regañó, échale
azúcar.

resbalar: to mess up
or to make a wrong
choice
✐ No te me resbales
que te tengo en la
mira.

restearse: to give it all
SYN: jugarse el todo
por el todo
✐ Los rebeldes se
restearon para poder
triunfar.

rocoquera: to lose
one's mind, to act
not using good
judgement
✐ A Miriam le dio la
rocoquera y dejó a su
marido, a sus hijos, y
se fue a vivir con un
drogadicto.

rolitranco: big, a lot,
as in for example, big
asshole
✐ ¡No soporto a ese
rolitranco e' pajuo!

rolo: big
✐ Estaba caminando
y de repente
apareció un rolo de
perro que parecía un

caballo.

rubiera: mischief, prank
✐ *Carlitos hizo una rubiera y su mamá lo castigó.*

rueda libre: without underwear, going commando
✐ *Gloria anda rueda libre, no lleva nada puesto debajo de la ropa.*

rumba: party
✐ *Fuimos a una tremenda rumba en casa de Rafael.*

rumbero: party person
✐ *Marcia es muy rumbera, no se pierde una fiesta.*

S

sacar la chicha: to exhaust, to make an intensive use of someone or something
✐ *Ayer me sacaron la chicha en el curso, me hicieron un examen escrito, uno oral y otro práctico.*

salir: used when saying how much something costs
✐ *Un pantalón te sale en Bs 380.*

santamaría: metallic shutter to protect stores windows when they are closed
✐ *Los comerciantes decidieron cerrar las santamarías debido a los disturbios.*

se armó un limpio: it happens when a group of people receive a big amount of money
✐ *¡Ay papá... ya llegaron los reales!*

¡Se armó un limpio!

se le aflojó un tornillo: it is said when somebody says something ridiculous or crazy
SYN: se le volaron las tejas de la mollera
✐ *Al profesor se le aflojó el tornillo hoy. Dejó que hiciéramos el examen a libro abierto.*

se le paró: to have a boner
SYN: encarpar
✐ *Javier no se pudo contener y se le paró cuando estaba bailando.*

se subió la gata a la batea: this expression gives the idea of an unexpected event that just happened
✐ *¿Cristina está embarazada? Ahora sí que se subió la gata a la batea.*

segundo frente: lover, an unfaithful relationship
✐ *Cynthia es el segundo frente de Raúl y Katy es la esposa.*

sencillo: change
✐ *Necesito sencillo para pagar el pasaje de autobús.*

ser del otro lado: to be gay or lesbian
SYN: del otro lado de la laguna
✐ *Por su manera de vestir yo creo que Juan es del otro lado.*

ser un duro: to be an expert or skilled to perform a particular activity
✐ *Clarisa es una dura para los idiomas.*

serruchar: to get someone's job in a suspicious way
✐ *La muchacha nueva le serruchó el puesto a Mary.*

si Luis: yeah right, I don't believe you

SYN: yo te aviso chirulí, si claro, cómo no, míquiti
✐ ¿Que te vas a casar mañana? ¡Sí Luis!

simpático: an attractive person
SYN: estar bueno, estar buenas tardes, estar chévere
ANT: ser feo
✐ ¡Uy pero mira a qué simpático está ese chamo!

siquitrillar: to riddle with bullets
SYN: acribillar
✐ Los malandros siquitrillaron a su rival.

sobón: a man that is constantly touching people especially women when talking to them, it is considered an annoying habit
✐ No me gusta hablar con Gilberto porque es muy sobón.

socobo: what's the deal with you? what's the matter with you?
✐ ¿Tu eres casada? ¡Socobo!

sólo falta que te orine un perro: you have such bad luck that the only thing missing is that a dog pees on you
✐ Tienes tan mala suerte que sólo falta que te orine un perro.

sopita: 1) to be someone's laughing stock 2) in baseball jargon to define the dominated team
SYN: hazmerreír
✐ 2) El Magallanes siempre será la sopita del Caracas.

sopotocientos: a lot, many
✐ Los indios desocuparon estas tierras hace sopotocientos años, en la época de la conquista española.

T

tabla: a hundred bolivars
✐ *Eso cuesta dos tablas, o sea, doscientos bolívares.*

taguara: a modest establishment
✐ *Vamos a almorzar en esa taguara que está al borde de la carretera, que tengo hambre.*

tajada: sliced, fried ripe banana
✐ *Comí tajadas en el almuerzo.*

tas ponchao: struck out, to be out of place in certain situations
✐ *Ay chamo ya tu no tienes chance con esa jevita, ¡tas ponchao!*

taxi: the bus
✐ *Vamos a agarrar el taxi para ir a la plaza.*

te tengo en salsa: I'm watching you, it is said to warn someone about their incorrect or poor behavior and the possible consequences of it
✐ *Pórtate bien, mira que te tengo en salsa.*

telita: 1) the flat shape of arepas 2) a kind of Venezuelan white cheese
✐ *2) Dame una cachapa con queso telita.*

tener guáramo: to have a strong character and personality to achieve goals or to face problems
SYN: tener voluntad, tener bolas, tener brío
✐ *¡Muchacha tu sí tienes guáramos para gritarle a ese hombre tan peligroso!*

tequeño: an emblematic and very popular Venezuelan appetizer, consisting

of a deep-fried finger-shaped piece of dough filled with white soft cheese
✐ *Los tequeños estaban deliciosos, se acabaron enseguida.*

TEQUEÑO

tetero: coffee with a lot of milk
✐ *Me da un tetero para llevar por favor.*

tipo: an informal way to call a person, used to make reference to a person whose name has been momentarily forgotten
✐ *La tipa esa me tiene verde, no la soporto.*

tirar a pegar: to guess
✐ *En el examen de* *selección múltiple, no me quedó más remedio que tirarla a pegar, porque no había estudiado nada.*

tomarse los miados: to celebrate and drink beer in the name of a newborn child
✐ *Vamos a casa de Luis a tomarnos los miados del carajito.*

torta: 1) cake 2) mess, wrongdoing
✐ *1) Te preparé una torta para tu cumpleaños. 2) Este gobierno es una torta, todo lo hace mal.*

TORTA

tostón: fried or baked smashed plantain slices

✐ *Durante el juego de béisbol venden tostones y maní.*

TOSTONES

totuma: a bowl made from the shell of a big, hard, round fruit
SYN: cazo, bol

✐ *Los indios toman agua en totuma.*

tracalero: a cheater

✐ *Ese hombre es un tracalero, no pierde oportunidad de hacer una trampa.*

triqui traqui: a firecracker
SYN: fosforito

✐ *Sonó un triqui traqui y pegué un grito del susto.*

tropezones: little pork chops

✐ *Para el almuerzo vamos a hacer arroz, tajadas y tropezones.*

tucusito: hummingbird
SYN: colibrí

✐ *Los tucusitos vienen a libar las flores de mi jardín.*

TUCUSITO

tumusa: big or messy hair, afro hair

✐ *¡Niña, péinate esa tumusa que pareces una loca!*

turco: stingy, cheap

✐ *Lía es muy turca, cuando hace una reunión en su casa pide una contribución.*

un coño: equivalent of "I don't give a shit"
SYN: me sabe a mierda, me sabe a culo
✏ *Me importa un coño que te quedaste sin entradas, ¡yo quiero ir al concierto!*

una joda: 1) anything 2) a joke or a hilarious mood or situation
SYN: una vaina, una verga, una broma
✏ *2) Los niños siempre inventan una joda.*

una lanza tirada en lo oscuro: a girl with a despicable reputation, and may be dangerous regarding her hidden intentions
✏ *Esa carajita no es tonta. Es una lanza tirada en lo oscuro.*

¡va sié carajo!: no way

SYN: ¡mentira!, ¡embuste!
✏ *¿Miriam se fue a Italia? ¡Va sié carajo!*

vacilar: to tease, to fool
SYN: tomar el pelo, engañar
ANT: hablar en serio
✏ *¿Me estás vacilando o estás hablando en serio?*

vaina: 1) casing 2) thing 3) problem 4) situation 5) joke
✏ *1) Las caraotas vienen en vainas. 2) ¿Cómo es que se llama esa vaina? 3) ¡Qué vaina que te tienes que ir! 4) Esa vaina de que él se quede a dormir aquí, no me gusta. 5) Déjate de vainas y ponte serio.*

vende patria: someone who doesn't care about his country, or about any cause that they share with others

SYN: vendido, traicionero
ANT: leal, rodilla en tierra
✐ *Te pasaste al otro equipo porque estábamos perdiendo ¡Si eres vende patria!*

¡verga!: damn shit!
SYN: ¡Mierda!
✐ *¡Verga, me asustaste!*

vergación: an expression meaning "shit!" or "fuck!"
SYN: ¡carajo!, ¡mierda!, ¡na' güevoná!
✐ *¿Vergación del coño aquí que pasó?*

vergatario: 1) a strong man 2) a good quality thing, project and the like
SYN: arrecho, fino, cartelúo, calidad
ANT: chimbo, malo
✐ *2) Ese celular está vergatario.*

violín: bad underarm smell

✐ *El hombre que estaba al lado mío tenía un violín insoportable.*

vivo: 1) a person who ignores the rules for his own benefit, or gets his way in spite of causing problems for others 2) smart
SYN: 1) abusador 2) despierto, avispado
ANT: 1) honesto 2) tonto
✐ *1) Se la quiso dar de vivo y no pagó los impuestos. 2) Fabricio es muy vivo, es un lince para los negocios.*

volverse un ocho: to get confused
✐ *Me volví un ocho cuando vi tantas ecuaciones juntas.*

Y - Z

yapla: the beach, it comes from inversing the syllables *"pla-ya"*
✏ *Vámonos pa' la yapla mi pana, ya tengo el carro listo.*

YAPLA

yis: an incorrect pronunciation of "Jeep", Jeeps are used to drive people to slums in the mountains
✏ *Tenemos que agarrar un yis pa' ir a casa de Zulay.*

zalamero: a person who seems to care about everybody, this kind of person is rare to see because they tend to show their affection in public with almost everybody
✏ *Rosario es súper zalamera con todo el mundo.*

zamurear: to seduce a woman in a clumsy way
SYN: asechar, caer, echar los perros
✏ *Ese tipo estaba zamureándole la novia a Luis y salió rebotadísimo.*

zanahoria: 1) a naive person 2) a person who has a healthy lifestyle, specifically not into drugs or malicious affairs
✏ *1) Yo soy muy zanahoria y no entiendo esos chistes maliciosos. 2) No te preocupes, que este muchacho es zanahoria y tu hija está a salvo.*

¡zape gato!: "hell no!" this phrase is expressed to keep negative energies or bad thoughts away,

may also be related
to witchery or black
magic
SYN: ¡la pija!
✎ *Uy me dio
escalofrío cuando
esa señora me miró,
parece una bruja.
¡Zape gato!*

zarataco: drunk
✎ *Estaban zaratacos
después de pasarse
toda la tarde
bebiendo en el bar.*

zumbado: daring,
imprudent
✎ *Gilberto es muy
zumbado y por eso se
mete en problemas.*

Want To Learn More Venezuelan Spanish Vocabulary?

Get the second book
Quick Guide to More Venezuelan Spanish
with a 30% discount today!

Go to
www.SpeakingLatino.com/venezuela-coupon/
and enter the password **venezuelabook**
for the instructions to get your
30% Coupon Code.

PHOTOS & ILLUSTRATIONS CREDITS

Page 5 Presentation.
1) Turpial Icterus icterus By Xacir via Flickr. 2) Venezuela By ruurmo via Flickr. http://flic.kr/p/9zDV1

Page 7 Presentación.
1) Dos cachines By iloveui via Flickr.http://www.flickr.com/photos/iloveui/7750794848/ 2) Detalle de la Hallaca lista para Cocer By jlastras via Flickr. http://flic.kr/p/5yQTzh

Page 13 Aguachinado. Public domain image License (CC0). http://pixabay.com/en/internet-icon-yellow-happy-faces-25515/

Page 16 Arepa. Arepitas or Arepas Food Macros August 25, 20101 By stevendepolo via Flickr. http://flic.kr/p/8vJo13

Page 17 Atracador. burglar Public Domain CC0 PD Dedication. http://openclipart.org/detail/165656/burglar-by-tzunghaor

Page 18 Auyama. Calabaza CDC. jpg via Wikimedia Commons. http://commons.wikimedia.org/wiki/File:Calabaza_CDC.jpg

Page 20 Billete / Billullo. efectivo - cash By ruurmo via Flickr. http://flic.kr/p/7i7qu

Page 21 Boloña. Avaricia I: Show me the money By NeoGaboX via Flickr. http://flic.kr/p/5yL49b

Page 21 Bordón. Public domain image (CC0). http://pixabay.com/en/baby-people-boy-plays-soccer-28751/

Page 23 Cachapa. By Periergeia (Own work) [GFDL (http://www.gnu.org/copyleft/fdl.html), CC-BY-SA-3.0 (http://creativecommons.org/licenses/by-sa/3.0/) or FAL], via Wikimedia Commons. http://upload.wikimedia.org/wikipedia/commons/3/3a/Cachapacarabobo.jpg

Page 24 Cachicamo. armadillo Drawn by: Pearson Scott Foresman. CC0 PD Dedication. http://openclipart.org/detail/23471/armadillo-by-papapishu-23471

Page 24 Cachito. By Luis Miguel Cisneros (Flickr: Cachito de Jamón) [CC-BY-2.0 (http://creativecommons.org/licenses/by/2.0)], via Wikimedia Commons. http://upload.wikimedia.org/wikipedia/commons/d/dd/Cachito_de_Jam%C3%B3n.jpg

Page 26 Camarón. Julie Goldsmith (#6228) by mark sebastian[/url], on Flickr. http://flic.kr/p/sKbvq under CC license Attribution-ShareAlike 2.0 Generic (CC BY-SA 2.0)

Page 26 Cambur. Public domain image (CC0). http://pixabay.com/en/monkey-black-green-apple-food-25339/

Page 27 Canilla. Public domain image (CC0). http://pixabay.com/en/french-bread-cartoon-bag-loaf-32175/

Page 29 Caucho. Public domain image (CC0). http://pixabay.com/en/icon-outline-drawing-marks-car-36705/

84

Page 31 Chuchería. Public domain image (CC0) http://pixabay.com/en/nachos-snack-kcal-calories-74202/

Page 32 Chupón. Public domain image (CC0) http://pixabay.com/en/dummy-pacifier-baby-silicone-92579/

Page 32 Chuzo. Knife Drawn by: Tom Kolter. CC0 PD Dedication. http://openclipart.org/detail/168462/knife-by-tawm1972

Page 33 Coco pelado. Mike by KellyB., on Flickr. http://www.flickr.com/photos/foreverphoto/2188839612/

Page 34 Coleto. mop By jspatchwork on Flickr. http://www.flickr.com/photos/23126594@N00/1761306942/

Page 36 Cuarto bate. hunk Drawn by: bedpanner. CC0 PD Dedication. http://openclipart.org/detail/168616/hunk-by-bedpanner

Page 46 Flux. By Grondilu (http://en.wikipedia.org/wiki/File:DrFagin_suit.JPG) [GFDL (http://www.gnu.org/copyleft/fdl.html) or CC-BY-SA-3.0-2.5-2.0-1.0 (http://creativecommons.org/licenses/by-sa/3.0)], via Wikimedia Commons

Page 47 Frito. Empty Pockets By danielmoyle on Flickr. http://www.flickr.com/photos/danmoyle/5634567317/

Page 48 Gandola. Public domain bild (CC0). http://pixabay.com/sv/transport-lastbil-container-29919/

Page 50 Guasacaca. By Nikodem Nijaki (Own work) [CC-BY-SA-3.0 (http://creativecommons.org/licenses/by-sa/3.0)], via Wikimedia Commons. http://upload.wikimedia.org/wikipedia/commons/2/2a/Guacamole_IMGP1265.jpg

Page 50 Güiro. Public domain image (CC0). http://pixabay.com/en/ache-adult-depression-expression-19005/

Page 51 Hallaca. Detalle de la Hallaca lista para Cocer By jlastras via Flickr. http://flic.kr/p/5yQTzh

Page 52 Hilo dental. By Jack Versloot [CC-BY-2.0 (http://creativecommons.org/licenses/by/2.0)], via Wikimedia Commons. http://upload.wikimedia.org/wikipedia/commons/b/b1/Pinagbuyutan_Private_Beach.jpg

Page 54 Jojoto. Public domain image (CC0). http://pixabay.com/en/cereal-corn-crop-eating-food-15528/

Page 55 Lanzarse al agua. Public domain image (CC0). http://pixabay.com/en/wedding-couple-love-ring-wife-37230/

Page 55 Lipa. Public domain image (CC0). http://pixabay.com/en/belly-body-clothes-diet-female-2473/

Page 58 Mata burro. Spanish dictionary pages up into the air By Horia Varlan via Flickr. http://flic.kr/p/7vedzj

Page 59 Metra. Public domain image (CC0). http://pixabay.com/en/marble-balls-colourful-colorful-1943/

Page 60 Morocho. The Girls By Chalky Lives via Flickr. http://flic.

kr/p/6YwwAv

Page 60 Muñuño. beautiful [but deadly] square knot By woodleywonderworks via Flickr. http://flic.kr/p/9yV5Vj

Page 64 Panqueca. By akira yamada from Yokohama, Japan [CC-BY-SA-2.0 (http://creativecommons.org/licenses/by-sa/2.0)], via Wikimedia Commons. http://upload.wikimedia.org/wikipedia/commons/3/35/Pancakes%2C_%22Smart_Coffee%22%2C_Ky%C5%8Dto.jpg

Page 64 Papa. Pollo a la brasa by morrissey, on Flickr. http://www.flickr.com/photos/morrissey/3210018583/

Page 66 Pavo. Retrato N° 2 By Saúl Briceño B. via Flickr. http://flic.kr/p/9Zhu1F

Page 67 Pepa. Antibiotics by michaellI, on Flickr. http://flic.kr/p/29HnZx under CC License Attribution-ShareAlike 2.0 Generic (CC BY-SA 2.0)

Page 68 Polar. Public domain image License (CC0). http://pixabay.com/en/glass-cup-bottle-cartoon-mug-29461/

Page 69 Pollina. By Boblover64 (Own work) [CC-BY-3.0 (http://creativecommons.org/licenses/by/3.0)], via Wikimedia Commons. http://commons.wikimedia.org/wiki/File%3ABangsfringe.jpg

Page 69 Ponquecito. By Renee Comet (Photographer) [Public domain or Public domain], via Wikimedia Commons. http://upload.wikimedia.org/wikipedia/commons/e/e9/Cupcake_%281%29.jpg

Page 71 Quemaíto. Public domain image (CC0) CD: http://pixabay.com/en/computer-dvd-disk-cartoon-24527/ Skull: http://pixabay.com/en/head-flag-red-sign-black-music-30325/

Page 77 Tequeño. 'Arzueños' By CdePaz via Flickr. http://flic.kr/p/4s49DP

Page 77 Torta. Vegan Chocolate Cake By SweetOnVeg on Flickr. http://www.flickr.com/photos/sweetonveg/5040054370/

Page 78 Tostones. By Jdvillalobos (Own work) [CC-BY-SA-3.0 (http://creativecommons.org/licenses/by-sa/3.0)], via Wikimedia Commons. http://upload.wikimedia.org/wikipedia/commons/8/8f/Patacones.JPG

Page 78 Tucusito. hummingbird Drawn by: Pearson Scott Foresman. CC0 PD Dedication. http://openclipart.org/detail/120463/hummingbird-by-papapishu

Page 81 Yapla. Public domain image (CC0) http://pixabay.com/en/beach-beautiful-blue-coast-84560/

Made in the USA
Middletown, DE
02 November 2019

77884769R00050